Vasile Militaru

SCARĂ CĂTRE DUMNEZEU

Rugăciuni în versuri
pentru copii și părinți

Titlul: Scară către Dumnezeu

Autor: Vasile Militaru

Poezii culese de Maria Şalaru

Editor: Ioana Onica

Copertă: Poză donată de familia Andra şi Andrei P., Bucureşti

Ediţie îngrijită cu suportul Societăţii Culturale "Vasile Militaru", or. Chişinău, str. Puşkin 22, of. 413 tel.: 022 887003; mob.: 069573990, e-mail: m_salaru@yahoo.com

Prima Ediţie de poezii a apărut la Chişinău, Editura Lumina Cuvântului, 2014. – 48 p., 1000 ex., Copyright 2014 © Maria Şalaru

ISBN: 978-1-936629-43-5

COPYRIGHT 2016 © REFLECTION PUBLISHING LLC

Reflection Publishing. P.O. Box 2182
Citrus Heights, California 95611-2182
E-mail: info@reflectionbooks.com
www.reflectionbooks.com
Tiparită în Statele Unite ale Americii

VASILE MILITARU – POETUL DIVINITĂȚII

Vasile Militaru s-a născut la 19 septembrie 1886 în comuna Dobreni, Ilfov, România. A început să scrie la vârsta de 15 ani, tipărind doar parte din lucrările sale, multe din ele rămânând în manuscris.

La vârsta de 73 de ani a fost arestat și condamnat de tribunalul militar din Craiova la mulți ani de temniță grea. A încetat din viață la 8 iulie 1959 în penitenciarul de la Ocnele Mari, județul Vâlcea.

Bun creștin și patriot, Vasile Militaru a proslăvit în toate lucrările sale pe Dumnezeu, iubirea de grai și de neam, casa părintească, lăsându-ne poezii pline de lirism și de o melodicitate aparte, de aromă duhovnicească și cu profund caracter religios. În întreaga sa creație strălucesc ca adevărate nestemate lucrările cu tematică religioasă, capodoperele: Divina Zidire – sinteză biblică în versuri, Psaltirea în versuri, care au apărut recent în Moldova.

Valorosul poet Vasile Militaru, care a alcătuit prinosurile de suspinuri și jertfele de laudă ce urmează în această carte, și-a dat lui Dumnezeu cu dobândă talantul ce i-a fost încredințat și a făcut-o cu gândul de a împodobi buzele noastre cu cuvinte de rugăciune, inimele cu mierea simțirei iu birii de Dumnezeu și cu fierea cunoașterii păcatelor noastre.

Rugăciunea este convorbirea noastră cu Dumnezeu. Sf. Ioan Scărarul spunea: „Să ne rugăm cu patimă pentru mântuirea noastră, deoarece rugile conțin cuvinte mântuitoare, ce ne luminează mintea, ne liniștesc inima, ard păcatele, alungă de la om pe cel rău. Cu numele lui Iisus se biciuiește vrăjmașul, întrucât nu este armă mai puternică în cer și pe pământ."

Fericitul Augustin numește rugăciunea "Hrană zilnică a sufletului", iar Sfântul Ioan Gură de Aur spune că "rugăciunea e așa de necesară pentru suflet, precum e necesară apa pentru pește, ori pentru trup".

Maria Șalaru

RUGĂCIUNEA UNUI EDITOR

Când mii și rugi spre slava Ta
Se-nalță tăinuite, primește-o, Doamne,
Și pe-a mea, curată și fierbinte...

Făpitura mea-i un pic de lut
Sublimă și deplină
Ce-ai pus în ea de la-nceput –
O Flacără Divină.

Veghează, Doamne, pașii mei
Și calea, și sporirea
Și să m-ajuți pân-la sfârșit
Să-mi împlinesc menirea...

Maria Șalaru
Președinte, Asociația Obștească
Societatea Culturală „Vasile Militaru"

RUGĂCIUNE PENTRU MÂNTUIREA SUFLETULUI

Maică Preacurată, Pururea Fecioară,
Sufletul din mine nu-l lăsa să moară,
Ci revarsă, Sfânto, peste el, de sus,
Mila Ta cea mare, mila lui Iisus!

Îngeri împrejuru-mi fă să se adune,
Să-mi arate calea către cele bune,
Să-mi îndrepte pașii pe cărarea milei,
Și la ceasul nopții, și la ceasul zilei!

Să gonească toate duhurile rele
Ce pândesc în drumul viețuirii mele;
Bietului meu suflet să-i dea viață nouă,
Să răsfrângă cerul ca un bob de rouă!

Frânt de umilință, cu adânci suspine,
Sufletu-mi la Tine vine să se-nchine:
Mila Ta din ceruri peste el coboară,
Maică Preacurată, Pururea Fecioară!

AJUTĂ-MI, MILOSTIVE DOAMNE

Iisuse, Cela-ce cu Tatăl
Și Duhul ești fără-nceput, –
Mă iartă, Milostive Doamne,
De toate câte le-am făcut!

Ajută-mă să aflu „Calea",
Ca de păcat să mă dezleg,
Și-aproapelui, ca Tine, Doamne,
Fă să mă dăruiesc întreg!

Coboară-n sufletul meu mila,
Să ardă pururi foc nestins;
Să simt c-adevărat sunt frate
Duios cu fiecare ins!

Să nu mă satur niciodată,
Îmbelșugat la masă stând,
Atâta vreme cât euști-voi
Că rabdă fratele flămând!

Să nu mă strige el pe mine,
Ci eu pe el cu dor să-l strig;
Să nu fac foc la mine-n vatră,
Cât știu că fratele stă-n frig!

Când inima lui fi-va frântă,
Să simt că inima-mi se frânge;
Să nu râd fericit în viață,
Știind că fratele meu plânge!

Când el va sta să-mi iasă-n cale
Înlăcrimat, să nu-l ocol;
Să nu-mbrac eu veșminte scumpe,
Cât știu că fratele e gol!

Așa ajută-mi, Milostive,
Să simt adânc fiorii milei,
Au fi-vor ceasurile nopții
Au fi-vor ceasurile zilei...

Aproapelui meu, viața toată
Să-i fiu un frate adevărat,
Să pot veni-n a ta lumină,
Sublimule Crucificat!

O, DOAMNE!

Mi-e sufletul ca un cireș în floare
Și-n floarea lui tot soarele îl am!
Sunt mii de ramuri și-o privighetoare
Duios ea cântă-n fiecare ram...

Furtuni ce-au smuls goruni din rădăcină
Trecură și prin floarea-i de zăpadă,
Dar, zbuciumându-i ramul ce se-nclină,
Lui nici o floare n-a putut să-i cadă!

O, Doamne, azi când nimeni nu mai poate
Să birue-al ispitelor sudum,
Când înspre iad duc drumurile toate,
Iar înspre Rai mai duce-un singur drum,

Trimite-mi îngeri, astfel să mă poarte,
Să nu mă intineze nici un greș,
Ca sufletu-mi să Ți-l aduc, la moarte,
Îmbătător ca floarea de cireș!

RUGĂCIUNE DE ANUL NOU

Anule, care-ncepi azi
Să deșiri a tale zile
Peste-ai țării mele brazi
Și colibele-i umile,

Te-aș ruga, ruga frumos
Și cu geana rourată,
Să vii, anule, mănos
Și-nsorit ca niciodată!

Fă ca, brazdele voinice
Ce ara-va plugul mâine,
Din ogoare să ridice
Munți de aur și de pâine!

Mai milos decât toți anii,
Sufletul să ni-l împaci,
Sfântă lacrima vădănii
Și-a orfanilor săraci!

Dar de toate mai presus,
Neamul meu ca să-l faci mare,
Să lași plugul lui Iisus:
Sufletul adânc să-i are:

Iar în brazdele arate
Cu-acel plug de aur greu,
Să răsară minunate,
Florile lui Dumnezeu!

RUGĂCIUNEA DIMINEȚII

Fecioară pururea curată,
Care-ai născut pe Dumnezeu,
Din slava Ta spre mine cată
Și-auzi acuma glasul meu!

Tu ce-ai născut Izvorul Milei,
Ai milă astăzi și de mine:
Când mă trezesc în zorii zilei,
Mereu îndreaptă-mă spre bine!

Să nu nădăjduiesc sub soare
În omul stând pe-naltă treaptă,
În bogăția pieritoare
Și-n adunarea cea nedreaptă!

Ci-n toată clipa, la tot pasul,
Să caut doar pe Dumnezeu,
Spre El să mi-se-ndrepte glasul
Și-n El să am nădejdi mereu!

RUGĂCIUNEA DUPĂ MASĂ

Mărire Ție, Doamne Sfinte,
Al omenirii bun Părinte,
Că grijă porți, de azi pe mâine,
S-avem întotdeauna pâine!

Noi te uităm adesea, Tată,
Dar Tu pe oameni niciodată,
Ci câți trăiesc pe-a lumii laturi,
Cu pâinea Ta mereu îi saturi!

De-a pururea mărire
Ție, În nesfârșita vecnicie,
Căci nici un „azi" și nici un „mâine"
Tu nu lași lumea fără pâine!

RUGĂCIUNE DE SEARĂ

Cu de lacrimi gene ude,
Înalț rugă Domnului:
Sufletul păzește-mi, Doamne,
În tot ceasul somnului!

Gândurile ce mă tulbur,
Cu-al Tău Duh înfrânge-le;
Trupului meu dă-i odihnă;
Răcorește-mi sângele;

Somn ușor să mă cuprindă,
Să dorm lin ca florile,
Și, cu inima curată,
Să mă scoale zorile!

Rugăciuni să-nalți spre Tine
Și să-ți cânt poruncile,
Precum cântă ciocârlia
Peste toate luncile:

Să pornesc la muncă sfântă,
Cum pornesc albinele,
Să pot umple ca și ele
Fagurii cu binele!

Și să te slăvesc pe Tine,
De pe Valea plângerii,
Dumnezeule slăvite,
Ce-l slăvesc toți Îngerii!

RUGĂCIUNE ȚĂRII MELE

Ajută, Doamne Sfinte, Țării mele,
Să-și umple sufletul de soare și de stele!
În inima ei, azi de neguri plină,
Lumină, Doamne, să reverși, lumină!

Alungă-i corbii negri ce dau roată,
Sinistru croncănind în zarea toată,
Și duhurile rele care vor
Să ne cuprindă-n negurile lor!

Alungă toate miasmele ce azi
Îi cad pe flori, pe iarbă și pe brazi,
Și-n cerul tot, din zare până-n zare,
Întinde-i curcubeu peste hotare!

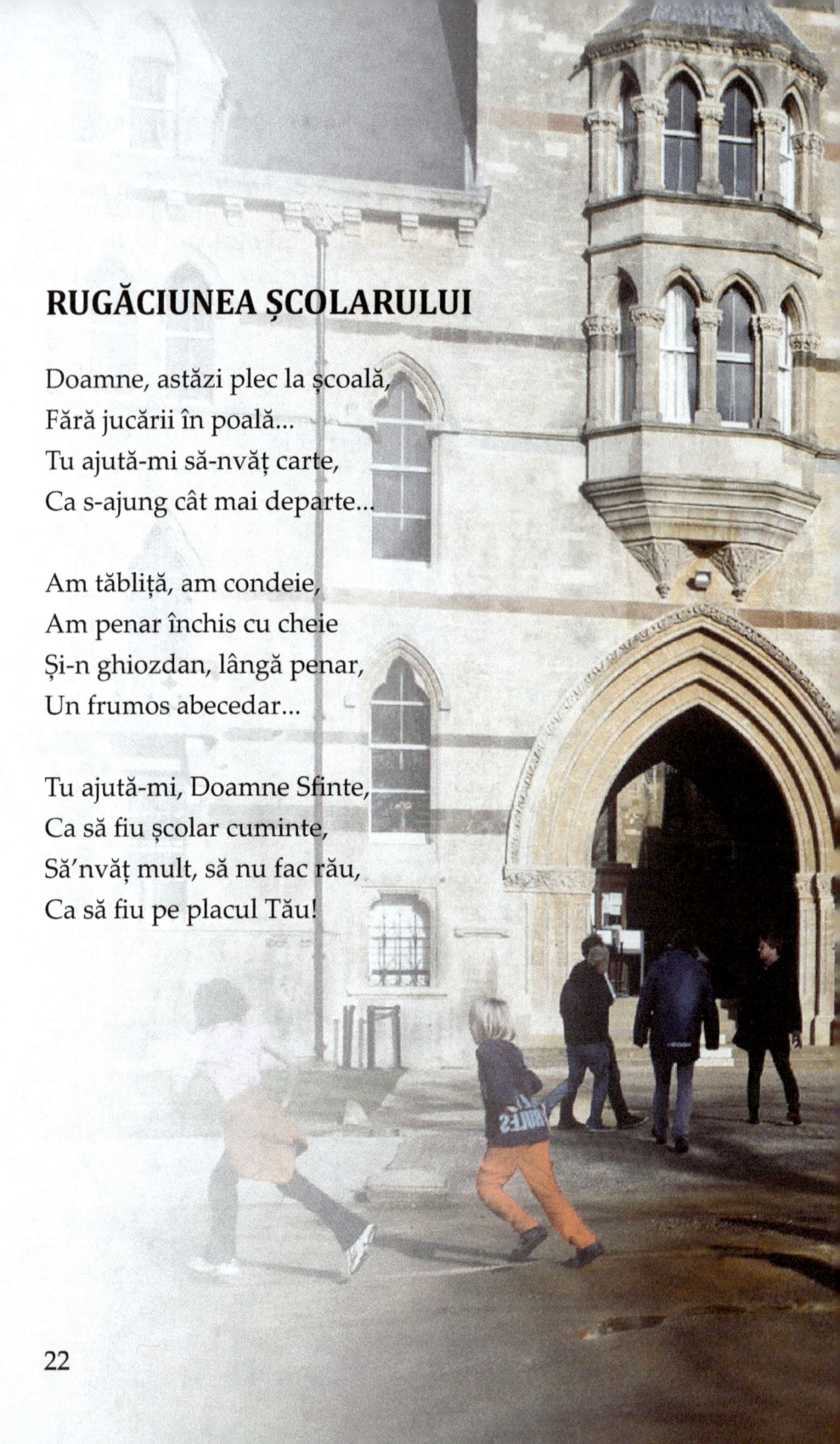

RUGĂCIUNEA ȘCOLARULUI

Doamne, astăzi plec la școală,
Fără jucării în poală...
Tu ajută-mi să-nvăț carte,
Ca s-ajung cât mai departe...

Am tăbliță, am condeie,
Am penar închis cu cheie
Și-n ghiozdan, lângă penar,
Un frumos abecedar...

Tu ajută-mi, Doamne Sfinte,
Ca să fiu școlar cuminte,
Să'nvăț mult, să nu fac rău,
Ca să fiu pe placul Tău!

RUGĂ PENTRU IERTAREA PĂCATELOR

Dumnezeule-ndurate,
Iartă multele-mi păcate
Și-mi ajută, pe-al Tău plac,
Altele să nu mai fac!

Să rămân fără de greș
Cum e floarea de cireș,
Ca, din valea astei plângeri,
Să mă fac iubit de Îngeri...

Dă-mi a darului Tău rouă,
Ca să-ncep o viață nouă,
Și să cânt pe-a ei poteci:
Slavă Tatălui în veci!

RUGĂCIUNEA IUBIREA APROAPELUI

Dumnezeule Preasfinte,
Luminează a mea minte,
Să-mplinesc pe-a vieții cale
Numai legea vrerii Tale!

Fă ca să-nflorească-n mine
Dorul facerii de bine
Și mereu s-aud sub cer
Glasul celor care-mi cer!

Să simt lacrime fierbinți
Pentru cei în suferinți
Și durerea lor s-alin,
Slavă Ție-n veci, Amin!

RUGĂCIUNEA COPILULUI BUN

Din slava cea nemăsurată,
Atotputernice Părinte,
Cu mila Ta spre mine cată
Și-ascultă ruga mea fierbinte.

Ca-n veci să fiu iubit de Tine,
Tu, Doamne sfinte, dă-mi putere
Să fac în viață numai bine,
Să fiu la toți spre mângâiere!

Flămândului s-astâmpăr chinul,
Cu el mâncându-mi pâinea-n două,
Să fiu curat precum e crinul
Scăldt în boabelele de rouă!

Cu toții copiii să fiu frate,
Să nu știu, Doamne, ce e ura:
Spre clevetiri și nedreptate
Să nu mi-se deschidă gura!

Fă să-nfloresc în fapte bune,
Așa cum înflorește mărul,
Și ajută-mi, Doamne, să pot spune
În viață numai adevărul!

RUGĂCIUNEA ORFANULUI

Asemeni unei frunze-n vânt,
Cu nici un reazem pe pământ,
Eu, Doamne, milă cui să cer
Decât lui Dumnezeu din cer?

Străin pe drumul vieții, eu,
În Tine, Doamne, cred mereu
Și-n lume, numai de la Tine
Aștept al soartei mele bine...

Cu Tine, Doamne, simt că pot
Prin volburate mări să-not
Și pot din țărm în țărm să trec,
Cu nici o teamă că mă-nec!

Mă-nalțe, Doamne,-a Ta-ndurare
De-a pururi pe-a credinței stâncă,
Să nu mă tem de nici o mare,
Oricât de mare și adâncă!

RUGĂCIUNEA BOGATULUI

Sub Cerul Tău, în anii trecători,
Clipite curse din eternitate,
Nesățios sunt Doamne, de comori
De aur greu și pietre nestemate.

Le vreau mereu mai grele să m-aplece
Cu cât mergând pe drum știu bine-foarte
Că fiecare clipă care trece,
C-un pas mai mult m-apropie de moarte.

Dar ce-mi pasă de moarte mie oare?
Când ai comori precum îmi place mie,
Biruitor calci moartea sub picioare
Și mergi cântând mereu în veșnicie!

De-aceea, Doamne, ruga mea ascultă:
Dă-mi ce smerit îți cer, cu lacrimi grele,
Comorile cu strălucire multă
Din strofa-ntâi a rugăciunii mele!

Dă-mi aur, Doamne... Aur să mă-ngroape,
Dar nu comori de aur care sună,
Ci aurul iubirii de aproape
Cât munții toți Tu-n inimă-mi adună!

Dă-mi pietre scumpe, Doamne, să le seamăn
Pe-ntinse lunci cu mâinile-amândouă,
În zori de zi cu roua să le-ngeamăn,
Să-treacă-n străluciri a luncii rouă!

Dar nu vreau nestemate pieritoare
Cum piere toată roua din poiene,
Ci lacrimi, Doamne, cu sclipiri de soare,
Pe drumul vieții, să-mi anini în gene!

De cei umili, cu mila toată-n ele,
Să simt mereu că inima-mi se rupe,
Dureri să curm cu lacrimile mele,
Cum nu se pot curma cu pietre scumpe.

Pân-ce pământu-mi în pământ nu-l nărui,
Cu-asemenea comori, ciubere pline,
A-toate-Ziditorule, să-mi dărui,
Să pot sui cu ele pân-la Tine...

Să-ngenunchez smerit, și, drept aceea,
De ele covârșit în a Ta față,
Cu grelele-mi comori să cumpăr cheia
Grădinii-n veci cu fără moarte-Viață.

Și-n larg sobor cu toți ai Tăi aleși,
Să cânt înfiorat de măreție,
Sub ai Eternității albi cireși:
„Osana, Ție-n veci, Osana Ție..."

31 octombrie 1952

...	301
...	308
...blung der	310
...Scheide...Seele	323
...Abgeſtorbenen	323
...ür die Abgeſtorbenen	327
Gebete zum leidenden Heilande f. d. Abgeſtorbenen	330
...vern	330
Die Sonntagsvesper	331
Psalmen	344
Magnifikat	
Die Antiphonen von der allerſeligſten Jungfrau	346

RUGĂCIUNEA SĂRACULUI

Doamne, către Tine strig,
Când mi-e foame și mi-i frig,
Că tu veșnic, la săraci
Le dai hrană și-i îmbraci!

Când te chem, cu ochii uzi, Doamne,
Tu din cer m-auzi!
Și cu mâna Ta, din cer,
Îmi dai toate câte-ți cer!

Doamne, Dumnezeul meu,
Eu am tot greșit mereu,
Însă Tu, cu mila Ta,
Dă-mi puteri a mă-ndrepta:

Pune, Doamne-n a mea cale
Soarele luminii Tale,
Ca să fugă cele rele
Din cărarea vieții mele!

Să răsră flori senine
De iubire și de bine,
Ca să-nalț sufletul meu
Până sus la Dumnezeu!

RUGĂCIUNEA PLUGARULUI

O, Doamne Milostive și-ndură-Te,
Îndură-Te acuma și de noi
Și iartă-ne de multele păcate,
Și scapă-ne de grelele nevoi!

Mereu ne-arată, Doamne, a Ta cale,
Din întuneric scoate-ne mereu,
Și ajută-ne cu harul milei Tale,
Când greul vieții ne apasă greu!

Noi Te rugăm cu lacrimă fierbinte:
Al nostru suflet aspru, să-l faci blând
Și gândul rău alungă-ni-l din minte,
De câte ori ne paște răul gând!

În brațul nostru, Doamne, pune vlagă,
În juguri, boi voinici și tineri junci,
Ca munca să ne fie pururi dragă,
Pe munți, pe văi, pe dealuri și pe lunci!

Trimite, Doamne, țarinilor ploaie
Și dă-ne rod în orice colț de plai,
Și grâu cu spice grele ce se-ndoaie,
Și tot ce poți din mila Ta să dai!

Și apără-ne vitele și pruncii,
Și sănătoși sub cerul Tău ne ține,
Să-ngenunchem smeriți
Pe brazda muncii
Ș-n veci toți să te slăvim pe Tine!

RUGĂCIUNE PENTRU SĂNĂTATEA TATĂLUI

Milostive Dumnezeu,
Tatăl meu muncește greu,
Să ne-aducă-n casă pâine,
Să trăim de azi pe mâine...

Dă-i puteri și sănătate,
Dumnezeule-ndurate,
Ca s-avem pe masă-n față
Pâniea Ta ce ne dă viață!

Întovărășindu-i pasul,
Fă-mi-l vesel în tot ceasul,
Ca să nu-i mâhnească patul
Nici suspinul, nici oftatul...

Fii cu el, mereu, mereu,
Milostive Dumnezeu,
Cum voi fi și eu cu Tine,
Căutând să fac doar bine!

RUGĂCIUNE
PENTRU MAMA BOLNAVĂ

Dumnezeule din slavă,
Mama mea este bolnavă,
Iar eu nu pot să-i ajut,
Că sunt mic, nepriceput...

Și nu pot să-i fac alt bine,
Decât să te rog pe Tine
S-alini chinul maicii mele
Și suspinele ei grele...

În genunchi Te rog fierbinte,
Milostivule Părinte,
Lacrimile ei le zvântă
Cu puterea Ta cea sfântă!

Că Tu, Doamne, bun și Mare,
Pentru toți ai îndurare
Și la toți din cer s-arată
Mila Ta nemăsurată!

RUGĂCIUNEA BOLNAVULUI

Frânt de umilință, cu adânci suspine,
Sufletu-mi la Tine vine să se-nchine:
Mila Ta din ceruri peste el coboară,
Maica Preacurată, pururea Fecioară!

Cu mânia-Ți sfântă, Doamne, nu mă bate,
Pentru nesfârșitu-mi număr de păcate,
Ci mă iartă, Doamne, și din pat mă scoală,
Izbăvindu-mi trupul chinuit de boală!

Și mă leg, Iisuse, ca să nu mai cad
În păcate grele care duc la iad,
Ci să merg de-apururi pe-nsorită cale
Care duce-n raiul veșniciei Tale...

Iartă-mă odată pentru totdeauna,
Patimilor mele să le-alung furtuna,
Și-nviat din moarte, Ție să mă-nchin,
Dumnezeul milei, de iubire plin...

RUGĂCIUNE CĂTRE MAICA PREACURATĂ

Maica Domnului din cer,
În genunchi eu Ție-ți cad
Și plângând,Te rog și-ți cer
Să mă scapi de negrul iad!

Fiindcă pururi necuratul
Calea vieții mi-o aține,
Mă tot leagă cu păcatul
Și m-alungă de la Tine...

Maica Domnului, te-ndură
De-al meu suflet fără îngeri,
Când ispitele mi-l fură
Pe cărări ce duc la plângeri!

Ai de mine îndurare:
Smulge-mă ca să nu pier,
Pentru slava Ta cea mare,
Pentru Dumnezeu din cer!

RUGĂCIUNE CĂTRE SFÂNTUL ANTONIE

Cunoscând puterea Sfintelor Icoane,
Eu alerg la tine, Sfântule Antoane,
Cu ochii-n lacrimi, azi te rog fierbinte:
Să-mplinești în grabă calda-mi rugăminte:

De la Tatăl lumii, cere pentru mine:
Dorurile toate să mi-le aline,
Fiindcă știe Tatăl Milostiv din cer
Tot ce viu acuma de la El să cer…

El îmi vede-n gene lacrimile grele
Și cunoaște toate gândurile mele;
Că nimic din toate câte simt să spui,
Nu le port în suflet fără știrea Lui!

Sfântule Antoane, Milostiv mereu,
Cere pentru mine azi lui Dumnezeu:
Mila-i fără margini ce mereu aștept,
Să topească dorul care-mi crește-n pept!

Roagă-l să-mi usuce lacrima din gene,
Cum usucă vara roua din poiene:
Să-mi răsară-n suflet bucurii-comori,
Cum răsar în luncă primăvara, flori!

Sfântule Antoane, bun între toți Sfinții
Stinge-mi cu-a ta milă focul suferinței;
Peste mine-ntinde aripă de înger,
Ca să scap de geamăt și să nu mai sânger!

Sfântule cu duhul încărcat de har,
În genunchi în fața Sfântului altar,
Eu aștept acuma, cu plans mult pe față,
Să mă-nalț prin tine, la o nouă viață!

Ridicat, prin mila-ți, din adânc abis,
Să văd, plin de soare, cerul larg deschis:
Să-mi coboare-n suflet nesfârșit senin –
Slavă ție-n veacuri, Sfântule! Amin!

RUGĂCIUNE PENTRU MÂNTUIREA SUFLETULUI

Maică Preacurată, Pururea Fecioară,
Sufletul din mine nu-l lăsa să moară,
Ci revarsă, Sfânto, peste el, de sus,
Mila Ta cea mare, mila lui Iisus!

Îngeri împrejuru-mi fă să se adune,
Să-mi arate calea către cele bune,
Să-mi îndrepte pașii pe cărarea milei,
Și la ceasul nopții, și la ceasul zilei!

Să gonească toate duhurile rele
Ce pândesc în drumul viețuirii mele;
Bietului meu suflet să-i dea viață nouă,
Să răsfrângă cerul ca un bob de rouă!

Frânt de umilință, cu adânci suspine,
Sufletu-mi la Tine vine să se-nchine:
Mila Ta din ceruri peste el coboară,
Maică Preacurată, Pururea Fecioară!

RUGĂCIUNE PENTRU LUMINAREA SUFLETULUI

Din a cerului Tău slavă,
Doamne, cată și spre mine
Și nu mă lipsi cu totul
De al cerului Tău bine!

Izbăvește-mă cu mila-Ți
De-ale iadului mii munci,
Învățându-mă pe mine
Paza sfintelor porunci!

Ca un om robit de patimi,
Eu am tot greșit mereu,
Dar Tu iartă-mă, o, Doamne,
Ca un veșnic Dumnezeu!

Lasă-mă să cad în fața
Cerurilor Tale sfinte
Și la ruga mea umilă,
Milostive, ia aminte...

Luminează-mi, Doamne, duhul,
Pe căi drepte să mă poarte,
Ca să capăt pe vecie
Drept la viață și la moarte!

Că Tu, Doamne, milostiv ești,
Și pe viermele din tină
Îl ridici din întuneric
În eterna Ta lumină...

RUGĂCIUNEA PENTRU JUDECATA DIN URMĂ

Dumnezeule,-ndurate,
Ce de toate grijă porți,
Știu că vei veni odată
Ca să judeci vii și morți

Și-naintea feții Tale
Vor veni să stea atunci:
Și stăpâni, și slugi, și tineri,
Și bătrâni, și fragezi prunci,

Și bogații, și săracii,
Și smeriții, Și trufașii,
Toți la Tronul Judecății,
Vor veni să-și curme pașii,

Și să cânte-n veșnicie
Sau pe veci toți să plângă,
Drepții vor fi dați la dreapta,
Păcătoșii-n partea stângă...

Deci, cu mare spaimă-n suflet,
Milostive Dumnezeu,
Eu mă-ntreb: în care parte
Voi fi dat atuncea eu?

Drept aceea, Doamne sfinte,
Să fiu bun și drept mă-nvață,
Până când nu bate ceasul!
De-a sfârși această viață!

ÎNTINDE MIE MÂNA TA, PĂRINTE!

O, Doamne sfinte, rătăcesc într-una
Pe marea vieții-n vifor de ispite...
Năprasnică, mă biruie furtuna
Și fiecare val în el mă-nghite...

În tine-mi pun nădejdea cea din urmă:
Ascultă, Doamne, ruga, mea fierbinte:
Mă smulge din a valurilor turmă:
Întinde mie mâna Ta, Părinte!

Ca Petru, auzind a Ta chemare,
Pe val sunt gata ca să vin la Tine,
Dar mă-fioară volbura din mare
Și simt slăbit puterile din mine...

Mă fură-n larg năvalnicile ape
Și noapte neagră mi se lasă-n minte...
La cine să-ndrept rugă, să mă scape?
Întinde mie mâna Ta, Părinte!

Când inima mea geme și se zbate
Sub îndoieli și deznădejdi crude,
Zadarnic întind brațele spre frate:
E viscol greu și nimeni nu m-aude!

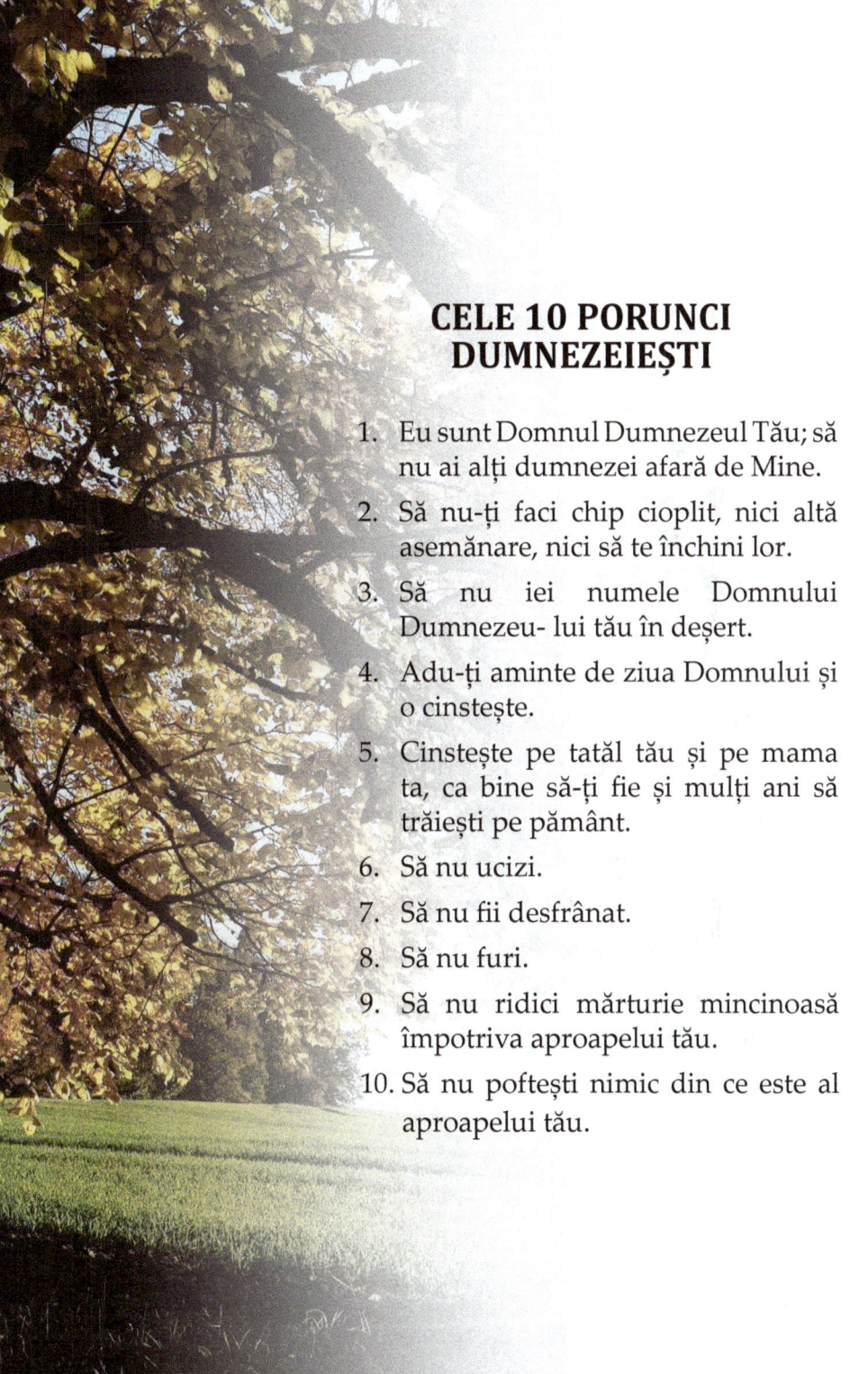

CELE 10 PORUNCI DUMNEZEIEȘTI

1. Eu sunt Domnul Dumnezeul Tău; să nu ai alți dumnezei afară de Mine.
2. Să nu-ți faci chip cioplit, nici altă asemănare, nici să te închini lor.
3. Să nu iei numele Domnului Dumnezeu-lui tău în deșert.
4. Adu-ți aminte de ziua Domnului și o cinstește.
5. Cinstește pe tatăl tău și pe mama ta, ca bine să-ți fie și mulți ani să trăiești pe pământ.
6. Să nu ucizi.
7. Să nu fii desfrânat.
8. Să nu furi.
9. Să nu ridici mărturie mincinoasă împotriva aproapelui tău.
10. Să nu poftești nimic din ce este al aproapelui tău.

TATĂL NOSTRU

Tatăl nostru
Care ești în ceruri,
Sfințească-se numele Tău
Vie împărăția Ta,
Facă-se voia Ta,
Precum în cer așa și pre Pământ,
Pâinea noastră cea de toate zilele
Dă-ne-o nouă astăzi
Și ne iartă nouă greșalele noastre,
Precum și noi iertăm greșiților noștri
Și nu ne duce pre noi în ispită
Ci ne izbăvește de cel rău
Că a Ta este Împărăția,
Puterea și Slava.
În numele Tatălui, al Fiului,
Al Sfântului Duh.
Amin!

ÎNGER ÎNGERAȘUL MEU

Înger, Îngerașul meu
Ce mi te-a dat Dumnezeu
Totdeauna fii cu mine
Și mă-nvață să fac bine!

Eu sunt mic, Tu fă-mă mare
Eu sunt slab, Tu fă-mă tare
În tot locul mă însoțește
Și de rele mă păzește!

Doamne, îngerașul Tău
Fie păzitorul meu
Să mă apere mereu
De ispita celui rau!

Doamne, îngerul ce-mi dai
M-ajute s-ajung in rai:
Mântuirea s-o primesc
Lângă Tine, Domn Ceresc!

Amin!

CUPRINS

VASILE MILITARU – POETUL DIVINITĂȚII	3
RUGĂCIUNEA UNUI EDITOR	4
RUGĂCIUNE PENTRU MÂNTUIREA SUFLETULUI	7 7
AJUTĂ-MI, MILOSTIVE DOAMNE	8
O, DOAMNE!	10
RUGĂCIUNE DE ANUL NOU	13
RUGĂCIUNEA DIMINEȚII	14
RUGĂCIUNEA DUPĂ MASĂ	17
RUGĂCIUNE DE SEARĂ	18
RUGĂCIUNE ȚĂRII MELE	21
RUGĂCIUNEA ȘCOLARULUI	22
RUGĂ PENTRU IERTAREA PĂCATELOR	25
RUGĂCIUNEA IUBIREA APROAPELUI	26
RUGĂCIUNEA COPILULUI BUN	29
RUGĂCIUNEA ORFANULUI	30
RUGĂCIUNEA BOGATULUI	32
RUGĂCIUNEA SĂRACULUI	35
RUGĂCIUNEA PLUGARULUI	36
RUGĂCIUNE PENTRU SĂNĂTATEA TATĂLUI	39
RUGĂCIUNE PENTRU MAMA BOLNAVĂ	40
RUGĂCIUNEA BOLNAVULUI	43
RUGĂCIUNE CĂTRE MAICA PREACURATĂ	44
RUGĂCIUNE CĂTRE SFÂNTUL ANTONIE	46
RUGĂCIUNE PENTRU MÂNTUIREA SUFLETULUI	49
RUGĂCIUNE PENTRU LUMINAREA SUFLETULUI	50
RUGĂCIUNE DE POCĂINȚĂ	51
RUGĂCIUNEA PENTRU JUDECATA DIN URMĂ	53
ÎNTINDE MIE MÂNA TA, PĂRINTE!	54
CELE 10 PORUNCI DUMNEZEIEȘTI	57
TATĂL NOSTRU	58
ÎNGER ÎNGERAȘUL MEU	60